AF357904

VENTE
Du Mardi 21 Novembre 1905
HOTEL DROUOT, SALLE N° 11
A DEUX HEURES

✳

Objets de Vitrine

ET

D'AMEUBLEMENT

EXPOSITION PUBLIQUE

LE LUNDI 20 NOVEMBRE 1905
DE 1 HEURE 1/2 A 5 HEURES 1/2

COMMISSAIRE-PRISEUR

M° PAUL CHEVALLIER
10, rue Grange-Batelière

EXPERTS

MM. MANNHEIM
7, rue Saint-Georges

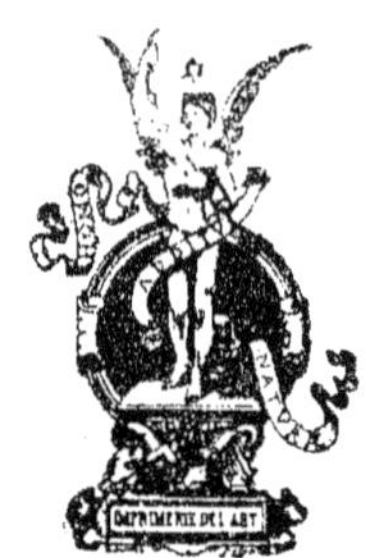
IMPRIMERIE DEL ART

CATALOGUE

DES

Objets de Vitrine

ET

D'AMEUBLEMENT

BOITE EN PORCELAINE ANCIENNE

PORCELAINES ET FAIENCES

OBJETS VARIÉS — PENDULES

MEUBLES DU XVIIIᵉ SIÈCLE

Dont la vente aura lieu

HOTEL DROUOT, SALLE Nº 11

Le Mardi 21 Novembre 1905

A DEUX HEURES

<table>
<tr><td>COMMISSAIRE-PRISEUR</td><td>EXPERTS</td></tr>
<tr><td>Mᵉ PAUL CHEVALLIER</td><td>MM. MANNHEIM</td></tr>
<tr><td>10. rue Grange-Batelière</td><td>7, rue Saint-Georges</td></tr>
</table>

EXPOSITION PUBLIQUE

Le Lundi 20 Novembre 1905, de 1 h. 1/2 à 5 h. 1/2

CONDITIONS DE LA VENTE

Elle sera faite au comptant.

Les acquéreurs paieront *dix pour cent* en sus des enchères.

L'exposition mettant le public à même de se rendre compte de l'état et de la nature des objets, il ne sera admis aucune réclamation, une fois l'adjudication prononcée.

Paris. — Imp. de l'Art, E. Moreau et Cⁱᵉ, 41, rue de la Victoire.

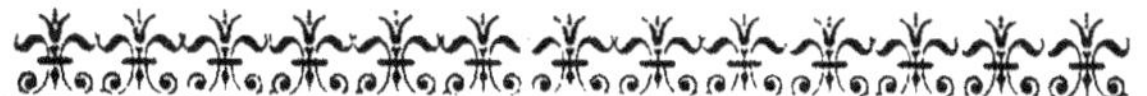

DÉSIGNATION

PORCELAINES ET FAIENCES

1 — Tasse, décor doré, fond bleu.

2 — Sous ce numéro : pièces de service en porcelaine à décor de fleurs, assiettes, compotiers, etc.

3 — Petite potiche avec couvercle en porcelaine ; décor genre japonais à fleurs.

4 — Pot à crème avec couvercle, décor de fleurs, en ancienne porcelaine de la Compagnie des Indes.

5 — Théière, forme gourde, décor de fleurs. Ancienne porcelaine de la Compagnie des Indes.

6 — Grosse théière cylindrique, à décor de personnages, en ancienne porcelaine du Japon.

7 — Hanap cylindrique avec couvercle : paysage, en ancienne porcelaine du Japon.

8 — Pot à crème avec couvercle, décor de style chinois. Ancienne faïence allemande.

9 — Deux petits souliers variés, formant tabatière, en ancienne porcelaine française.

10 — Tasse avec soucoupe, décor de fleurs en camaïeu orange. Ancienne faïence de Moustiers.

11 — Médaillon rond: buste de Marie-Antoinette, en ancienne porcelaine dure.

12 — Boite, de forme contournée, en ancienne porcelaine italienne, à décor de musiciens et rocailles.

13 — Boite, forme cygne, en ancienne porcelaine tendre de Chantilly. Monture en argent.

14 — Boite, en forme de grenouille, ancienne porcelaine tendre de Chantilly ; montée et doublée argent.

15 — Boite, en forme de buffle, en ancienne porcelaine tendre de Chantilly. Monture en argent.

16 — Drageoir, de forme contournée, en ancienne porcelaine tendre de Chantilly: personnages de style chinois et rocailles. Monture en argent.

17 — Deux tasses avec soucoupes, décor de fleurs. Ancienne porcelaine tendre de Chantilly.

18 — Boite en ancienne porcelaine tendre de Chantilly, simulant un pèlerin étendu. Monture en argent.

19 — Drageoir, de forme contournée, en ancienne porcelaine tendre de Chantilly: personnages de style chinois et fleurs sur fond jaune. Monture en argent.

20 — Boite, en forme de commode, en ancienne porcelaine tendre de Mennecy, décor de fleurs.

21 — Boite rectangulaire, fleurs sur fond simulant l'osier, ancienne porcelaine tendre de Mennecy. Monture en argent.

22 — Boite simulant une corbeille, décor de fleurs, fond imitant l'osier. Ancienne porcelaine tendre de Mennecy.

23 — Œillère en ancienne porcelaine tendre de Sèvres.

24 — Figurine en ancien biscuit tendre de Sèvres : Petit Paysan debout. Marque de *Fernex*.

25 — Bol, décoré d'oiseaux, en ancienne porcelaine tendre de Tournai.

26 — Plateau, forme feuille, en ancienne porcelaine de Saxe.

OBJETS VARIÉS

27 — Boite plate en écaille brune, piquée or : trophée et quadrillés. Revers du couvercle, décoré au vernis. Époque Régence.

28 — Boite, forme corbeille, en ambre sculpté. Époque Régence.

29 — Boite à mouches en écaille brune, garnie d'argent et d'or. Époque Louis XV.

30 — Boite en nacre unie, montée en argent. Fin de l'époque Louis XV.

31 — Petite tabatière en écaille blonde, posée or. Époque Louis XVI.

32 — Étui cylindrique, à décor de personnages et animaux, en laque du temps de Louis XV ; garniture d'or.

33 — Étui cylindrique, décor au vernis poules et coqs sur fond vert. Époque Louis XV.

34 — Bonbonnière ovale, décorée au vernis de Martin : amours sur fond rayonnant vieil or. Attributs et oiseaux au pourtour. Époque Louis XV. Monture en or.

35 — Étui en galuchat, contenant deux flacons en cristal ; bouchons en or, entonnoir en argent. Époque Louis XVI.

36 — Éventail à sujet allégorique. Époque Directoire.

37 — Bourse ornée de deux plaques en émail peint de Limoges, XVIIe siècle : bustes d'homme et de femme.

38 — Broche en émail et pierres de couleur : la Fortune.

39 — Collier en argent et marcassites, formé de plaques ajourées à motifs Louis XVI.

40 — Bracelet turc en or, formé de sequins.

41 — Petite montre en or, de chez *Oudin*. Chiffrée.

42 — Petite croix en or, pavée d'émeraudes. Ancien travail espagnol.

43 — Bague en or, partiellement émaillé, à chaton enrichi de rubis et d'une main en émeraude. Espagne, XVIIe siècle.

44 — Bijou avec chaînette de suspension en or et pierres de couleur, renfermant la scène de la crucifixion. Espagne, fin du XVIe siècle.

45 — Collier-gourmette en or.

46 — Deux boutons de manchettes et trois boutons de chemise ; or et lapis.

47 — Deux boutons de manchettes : grecques ; or.

48 — Broche, or, enrichie de roses.

49 — Bague-marquise, forme losange, or et argent, enrichie de brillants et roses.

50 — Huit bagues variées : or, argent, platine avec roses et pierres de couleur.

51 — Deux manches d'ombrelles en ivoire sculpté : fleurs et personnage.

52 — Collier en argent, émeraudes et roses, composé de motifs ajourés à feuillages et guirlandes. xviiie siècle.

53 — Paire de pendants d'oreilles pouvant accompagner le collier précédent. xviiie siècle.

54 — Deux paires de boucles d'oreilles en argent, rubis et roses : rubans et pendeloques. xviiie siècle.

55 — Pendeloque, de forme sphérique, en or ; décor de filigranes.

56 — Nécessaire de dame en or. *Maison Aucoc*. Commencement du XIXᵉ siècle.

57 — Face à main en argent. Époque Empire.

58 — Coupe-bétel en fer. Travail indien.

59 — Lorgnette, ornée de plaques de nacre. Époque Empire.

60 — Montre en argent doré ; mouvement à répétition. Sur le cadran, personnages articulés frappant sur des cloches. Fin du XVIIIᵉ siècle.

61 — Lot d'intailles variées.

62 — Lot de boutons en argent filigrané.

63 — Sifflet, boucles d'oreilles et épingle de coiffure ; travail oriental.

64 — Miniature ovale peinte à l'huile sur cuivre : Portrait d'homme vu en buste et portant la fraise. On lit l'inscription : *Aetalis Scae 48. Anno 1622*.

65 — Groupe en bois sculpté et doré : la Vierge assise, tenant sur ses genoux l'Enfant Jésus. Ancien travail espagnol.

66 — Statuette en marbre tendre blanc : l'Enfant

Jésus étendu, tenant le globe du monde, XVIIe
siècle.

67 — Ecritoire en maroquin rouge, doré aux fers ;
garnitures en cuivre. XVIIe siècle.

68 — Baromètre et son socle - applique, plaqués
d'ébène, avec graduation en cuivre gravé ;
armoiries à la base. Époque Louis XIV.

69 — Statuette en terre cuite : Portrait présumé de
Bossuet.

70 — Statuette en pierre sculptée : Saint personnage.
XVIe siècle.

71 — Deux bas-reliefs en terre cuite : Diogène.
Signés : *Journet, 1774*.

72 — Brûle-parfum, émail de Chine. Monté bronze.

73 — Coffret et tonnelet, cristal.

74 — Pot à eau, et cuvette, cristal.

75 — Christ en ivoire dans un cadre en bois doré.
XVIIe siècle.

76 — Petit cartel porte-montre, bois peint noir et
cuivre. XVIIe siècle.

77 — Sous ce numéro, couverts, etc., en argent.

78 — Feuille d'écran en tapisserie du xviiie siècle :
bouquet de fleurs.

79 — Seize siéges en tapisserie et tapisserie au
point : fleurs au milieu d'une couronne de
fleurs. Fond rouge. Fin du xviiie siècle.

PENDULES, BRONZES

80 — Pendule en bronze, à mouvement placé entre
deux statuettes de guerriers ; base en marbre.
Époque Louis XVI.

81 — Deux candélabres à quatre lumières, en bronze,
à tiges-figurines de femmes debout. Fin du
xviiie siècle.

82 — Deux petits flambeaux en bronze, cariatides et
rocailles.

83 — Pendule en biscuit, garnie de bronzes :
paysanne donnant à manger à un coq. Époque
Louis XVI.

84 — Pendule en bronze doré, décorée d'une
statuette de femme, accompagnée de deux
cygnes. Fin du xviiie siècle.

85 — Groupe en bronze patiné : Nymphe et satyre, d'après Clodion.

86 — Paire de chenets en bronze partiellement patiné : Enfant se chauffant.

MEUBLES

87 — Deux chaises en bois sculpté et peint gris à fleurettes. Époque Louis XV. Elles sont couvertes en étoffe à fond blanc.

88 — Chaise en bois sculpté, à rocailles ; siège et dossier cannés. Époque Louis XV.

89 — Table de milieu oblongue, à deux tiroirs, en bois de violette ; garnitures de bronzes. Epoque Louis XV.

90 — Petit secrétaire, à abattant et deux portes, en bois de placage. Dessus de marbre. Fin de l'époque Louis XV.

91 — Meuble demi-lune, à trois tiroirs et deux portes, en acajou, garni de cuivres. Dessus de marbre blanc. Epoque Louis XVI.

92 — Meuble, à hauteur d'appui, à deux portes, en marqueterie de bois de couleur, à décor d'ins-

truments de musique. Dessus de marbre.
Epoque Louis XVI.

93 — Table de bouillotte, de forme ronde, en
acajou. Bordure de cuivre. Epoque Louis XVI.

94 — Console-servante en acajou, à côtés cintrés
et à trois tiroirs. Dessus et tablettes de marbre
blanc. Garnitures de cuivre. Epoque Louis XVI.

95 — Commode, à deux tiroirs, en laque noir et or, à
paysages de style chinois ; garnitures de bronze
à rocailles. Epoque Louis XV.

96 — Commode, à trois tiroirs, en ancienne laque
du Coromandel, à fleurs.

97 — Glace dans un cadre en bois doré, et glace, à
rocailles, du xviiie siècle.

98 — Canapé et sept fauteuils en bois sculpté,
couverts en tapisserie au point à fleurs. Epoque
Louis XV.

99 — Deux fauteuils et quatre chaises, en bois, couverts en velours rouge.

100 — Deux petites chaises et deux tabourets de
pieds, bois et velours rouge.

101 — Six chaises Louis XVI, dossiers à lyre, bois
peint gris et marron, couvertes différemment.

102 — Secrétaire à dos d'âne en ancienne laque noir et or à paysages.

103 — Table analogue.

104 — Petit cabinet en laque burgautée de la Chine.

105 — Petit cabinet, à deux portes, en laque de Chine noir et or à fleurs.

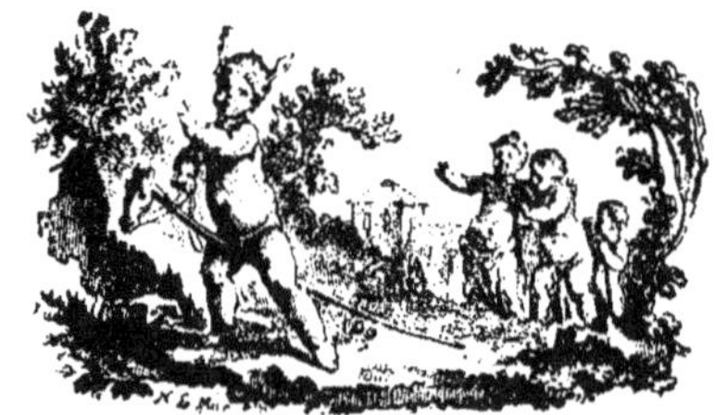